BEI GRIN MACHT SICH IHR WISSEN BEZAHLT

- Wir veröffentlichen Ihre Hausarbeit,
  Bachelor- und Masterarbeit

- Ihr eigenes eBook und Buch -
  weltweit in allen wichtigen Shops

- Verdienen Sie an jedem Verkauf

Jetzt bei www.GRIN.com hochladen und kostenlos publizieren

Julian Jäckle

Interpretation des Gedichtes "Die Luft riecht schon nach Schnee" von Sarah Kirsch

GRIN Verlag

Bibliografische Information der Deutschen Nationalbibliothek:

Die Deutsche Bibliothek verzeichnet diese Publikation in der Deutschen National-
bibliografie; detaillierte bibliografische Daten sind im Internet über http://dnb.d-
nb.de/ abrufbar.

Impressum:

Copyright © 2012 GRIN Verlag GmbH
Druck und Bindung: Books on Demand GmbH, Norderstedt Germany
ISBN: 978-3-656-61170-7

Dieses Buch bei GRIN:

http://www.grin.com/de/e-book/187256/interpretation-des-gedichtes-die-luft-riecht-
schon-nach-schnee-von-sarah

GRIN - Your knowledge has value

Der GRIN Verlag publiziert seit 1998 wissenschaftliche Arbeiten von Studenten, Hochschullehrern und anderen Akademikern als eBook und gedrucktes Buch. Die Verlagswebsite www.grin.com ist die ideale Plattform zur Veröffentlichung von Hausarbeiten, Abschlussarbeiten, wissenschaftlichen Aufsätzen, Dissertationen und Fachbüchern.

Besuchen Sie uns im Internet:

http://www.grin.com/

http://www.facebook.com/grincom

http://www.twitter.com/grin_com

Gedichtinterpretation – Die Luft riecht schon nach Schnee

Der Winter ist eine Jahreszeit, über die sich die Geister nicht weiter scheiden könnten. Die einen empfinden sie als trostlose, nasskalte Jahreszeit und sehnen so schnell wie möglich den nächsten Frühling und die Wärme herbei, andere wiederum wertschätzen den Winter als eine Zeit der Zweisamkeit und Nähe, wie beispielsweise auch das lyrische Ich aus dem Gedicht "Die Luft riecht schon nach Schnee", welches 1976 von Sarah Kirsch verfasst wurde.

Das Gedicht beschäftigt sich mit der Liebe eines lyrischen Ichs zu einer anderen Person, die sich scheinbar jeden Winter neu findet und auch nur einen Winter überdauert.

Mit dem ersten Vers wird der Leser in die Zeit des Gedichtes hineingeführt und gleichsam auf die Perspektive des lyrischen Ichs festgesetzt. So riecht die Luft schon nach Schnee, folglich muss das Geschehen unmittelbar vor dem Einbruch des Winters, sprich dem ersten Schneefall stattfinden. Alleine für sich betrachtet entsteht bei der Begutachtung des ersten Verses die Vermutung einer direkten Rede des lyrischen Ichs an das Gegenüber "Die Luft riecht schon nach Schnee, mein Geliebter". Einzig das Komma passt in diese erste Vermutung nicht hinein. In Relation zu dem nächsten Vers wird dann deutlich, dass sich das "mein Geliebter" auf den zweiten Vers ebenfalls bezieht, denn der Geliebte trägt langes Haar. Durch ein Enjambement beziehen sich zwei Teilsätze auf das "mein Geliebter", was diesem Begriff schon zu Anfang eine Wichtigkeit zukommen lässt und gleichfalls intensiviert. Obwohl bis zu diesem Zeitpunkt noch nicht das zentrale Thema des Gedichtes bekannt ist, die Liebe könnte auch nebensächlicher Natur sein, erahnt der Leser / oder geht fast sicher davon aus, dass die Liebe doch das zentrale Thema des Gedichtes darstellt. Somit bedarf es nicht zwingend der konkreten Nennung des Themas, vielmehr kann ein geschickter Aufbau mehr aussagen, als das, was sichtbar zu Papier gebracht wurde. Es kann also durchaus ratsam sein ein Augenmerk auf die Dinge zu legen, die nicht explizit im Gedicht erwähnt werden. Interessant ist bei der Betrachtung des zweiten Verses auch, dass der Leser über das Gegenüber fast nichts erfährt, außer, dass dieses lange Haare habe. Eine durchaus unübliche Charakterisierung stellt dies allemal dar. Es wäre zu erwarten gewesen, dass man beispielsweise etwas über die Statur, den Charakter erfährt, aber lange Haare? Das Gedicht fährt durch ein, mit einem Komma abgetrennten "ach" fort und erzeugt sofort eine gewisse Unruhe. Das positive Gefühl, das bis dato aufgebaut wird erfährt durch das "Ach" eine Entkräftung. Zumal eine Widerholung von "der Winter" folgt. Das lyrische Ich scheint also vielmehr unter dem Winter zu leiden, als sich auf diesen zu freuen. Auch bleibt der gleiche negative Unterton bestehen, "der Winter der uns eng zusammenwirft". Sie werden also nicht zusammengeführt, sondern zusammengeworfen. In einer Art passiert dies also vielmehr ungewollt als gewollt, da sie nicht selbst zueinander finden, sondern von einer „Macht" in einer Weise möglicherweise auch mit Gewalt zusammengebracht werden. Man könnte auch anmerken, dass hierbei auch der Zufall eine Rolle spielt. Sie werden zufällig, ohne großen gefallen und daher vielmehr gezwungenermaßen zusammengeführt. Dabei können sie sich nicht mehr trennen, da der Winter vor der Tür steht, jegliche Fluchtmöglichkeit verriegelt. Zusätzlich kommt der Winter mit einem Windhundgespann. Dieser könnte durchaus für die Schnelligkeit des Eintreffens stehen, schließlich sind Windhunde sehr schnell zum anderen findet sich mit "Wind-Hund" durch den Wind eine direkte Verknüpfung zu dem Wettergeschehen als solches. Könnte es nun aber auch sein, dass das Windhundgespann ebenfalls negativ behaftet ist? Schließlich wird im Vorverlauf deutlich, dass das lyrische Ich nicht so ganz zufrieden mit dem Winter zu sein scheint. Hunde übernehmen vielerlei Aufgaben, sie Bewachen, Hüten und können auf einer Hetzjagd beispielsweise treiben. Möglicherweise empfindet das lyrische Ich den Winter ebenfalls als eine Art Hetzjagd, der man so leicht nicht entkommen kann? Es ist nämlich nicht zu verkennen, das der Winter personifiziert wird und für das lyrische Ich von irgendeiner Bedeutung zu sein scheint, denn eins kann definitiv festgehalten werden. Das lyrische Ich nimmt den Winter mit vielen Sinnen war und richtet einen Großteil seiner Aufmerksamkeit auf diesen. Im weiteren Verlauf streut der Winter nun Eisblumen an das Fenster. Schwer zu deuten ist hierbei, ob dies das lyrische Ich verzückt, oder vielmehr noch "missmutiger" stimmt. Zum einen kann man Eisblumen durchaus positiv deuten. Es sind nun einmal die Blumen des Winters. In der Jahreszeit, in der nichts gedeihen kann finden sich häufig Eisblumen an den Fenstern wieder, die durch ihre Filigranität beeindrucken. Auf der andern Seite findet sich in Eisblumen der Aspekt des gefrorenen, also etwas erstarrtem, kaltem und natürlich totem. So wunderschön sie sind, sind sie doch nicht lebendig. Der Kälte der Eisblumen wird das Glühen von Kohlen ", die Kohlen glühen im Herd" entgegengesetzt. Zum ersten Mal seit dem zweiten Vers wird nun ein Kontrast geschaffen, der die Stimmung wieder ein wenig anhebt. Jedoch kann man diese positive Stimmung sofort wieder zunichte machen, indem man anmerkt, dass lediglich Kohlen vorhanden sind, die Glühen und kein Holz, das brennt. Ist hiermit möglicherweise angedeutet, dass die Liebe schon wieder erlischt, schließlich findet sich vor dem Erlischen eines Feuers erst das Stadium des Glühens vor. Spielen die vorigen Verse mit der Kälte möglicherweise genau darauf an? Andererseits muss Glühen nicht zwangsläufig negativ behaftet sein. Zwar ist ein Feuer durchaus gemütlich, aber durch die tanzenden Flammen entsteht auch eine gewisse Unruhe. Ein Glühen hingegen ist bedeutend ruhiger und schafft eine friedvollere Umgebung. So muss an der Bedeutung des Glühens festgemacht werden, ob es sich hierbei wieder um eine Steigerung im positiven handelt, oder nicht. Es scheint sich wohl doch um letzteres zu handeln, da durch den nächsten Vers mit "Du Schönster Schneeweißer legst mir deinen Kopf in den Schoß" nicht so recht ein negatives Gefühl aufzukommen vermag. Sehr interessant ist hierbei auch die Länge des Verses, welche alle andern übertrifft. Folglich muss diesem eine entsprechend wichtige Bedeutung zukommen und vor allem auch dem Gegenüber, welches am Versanfang steht. Dem Versmass kann jedoch noch eine andere These aufgezwängt werden. Durch die eine Strophe, mit ihren unterschiedlich langen Versen wirkt die gesamte Form des Gedichtes wie verschieden Lange Eiszapfen. Somit fließt der Aspekt des Winters auch in den Aufbau hinein. Dem Gegenüber kommt also eine Bedeutende Stellung zu, das lyrische ich stellt sich eher zurück. Der nächste Vers nämlich wird mit einem "Ich" eingeleitet und bildet mit Abstand den kürzesten des gesamten Gedichtes. Das lyrische Ich konzentriert sich folglich ganz auf das Gegenüber und in dem Moment nicht auf sich. Eine interessante Vermutung kann auch über den "schönsten Schneeweiß(en)" angestellt werden. Zum einen intensiviert die Alliteration den "Schneeweiß(en)" zum anderen wird der Geliebte in den direkten Zusammenhang mit dem Winter gesetzt. Bleibt der Geliebte also nur bis zum Ende des Winters, genau wie Schnee und geht dann? Den Eisblumen würde dann so eine neue Bedeutung zukommen. Sie sind wunderschön, aber erinnern mit ihrer Kälte auch an einen negativen Aspekt, der da wäre, die Vergänglichkeit der Liebe bis zum Ende des Winters. Seufzt das lyrische Ich deshalb, da es weiß, dass nach dem Winter wieder die Zeit des Alleinseins kommt? Dies wäre durchaus denkbar. Jedoch scheinen im Verlauf des Gedichtes die negativen Gedanken den positiven Platz zu machen, so werden die "negativen" Verse immer kürzer und die positiven darauffolgenden weisen eine starke Verslängen Zunahme auf, wobei der durchaus positiv behaftete sechste Vers mit Abstand alle andern in ihrer Länge überragt. Der verkürzte siebte Vers, indem sich das Ich zurückstellt wird von dem darauffolgenden wieder in der Verslänge überstiegen. "Der Schlitten der nicht mehr hält, Schnee fällt uns", so lautet der Vers und verleitet sofort zu einer Kombination aus der Verslänge und dem Schlitten, der nicht mehr hält. Symbolhaft wird diese "Weiterfahrt" also durch den langen Vers untermalt. Es stellt sich nun jedoch noch die Frage, inwieweit der Schlitten zu deuten ist. Ist damit die Liebe gemeint, die also nicht mehr vergeht, da der Schlitten ja nicht stehen bleibt? Dies würde dann jedoch der These wiedersprechen, die Liebe ende mit dem Winter. Oder soll damit der Kreislauf der "Liebeszeit" des lyrischen Ichs untermauert werden? Dementsprechend findet sich jeden Winter eine neue Liebe, die nach demselbigen wieder entbunden wird. Beäugt sie den Schlitten dann kritisch oder mit Freude? Eine genaue Gefühlsregung für diese Passage ist nicht zu vernehmen. Der zweite Teilvers ",Schnee fällt uns" muss wieder mit einem Enjambement zu dem darauffolgenden kombiniert werden. "Schnee fällt uns mitten ins Herz". Viel Sinn scheint der Ausspruch nicht zu machen. Durch das mitten ins Herz wird die tiefe Berührung deutlich. Das Herz wird also nicht nur gestriffen, sondern zentral/mittig getroffen und zwar von Schnee. Mit dem nächsten, wieder durch ein Enjambement verbundenen Vers, kann wage die Bedeutung dessen vermutet werden. "erglüht auf den Aschekübeln". Auf etwas verbranntem entsteht also wieder neue Glut. Eine erloschene Liebe scheint sich wieder neu zu formieren. Ausgelöst wird dies durch den Schnee. Zum einen wäre denkbar, dass der Winter dazu führt, dass auf der Asche wieder eine Glut entsteht, dies ist aber fast zu oberflächlich gedeutet. Schnee, der wieder in Verbindung mit Kälte gebracht werden kann erglüht. Logisch ist dies, wenn es auf der Sachebene betrachtet wird mit Nichten. Aber die Kälte, also erstarrte Liebe taut auf und fängt wieder Feuer würde die zuvor als unlogisch abgetanen Verse durchaus mit Sinn beleben. Weitergehend wird im letzten Vers verlautet, dass die Aschekübeln im Hof Darling stünden und eine Amsel flüstert. Die Amsel schließt das Bild des Winters ab, da sie kein Zugvogel darstellt und dem Leser durch das Flüstern suggeriert, das ganze Gedicht spiele sich im Winter ab.

Das Gedicht "Die Luft riecht schon nach Schnee" empfinde ich persönlich als ein sehr gelungenes, wenn auch schwer exaktdeutbares Gedicht. Die Überschrift greift die ausschlaggebende Situation für das lyrische Ich und die Liebe auf, nämlich den Winter. Dabei wird wie ich finde dem Leser ein großer Spielraum gelassen verschiedene Gegebenheiten unterschiedlich zu deuten und somit verschiedene Ansätze zu schaffen, die jedoch den Kern, sprich eine Liebe, die auf den Winter beschränkt ist, nicht außer Augen lässt. Lediglich das Empfinden des lyrischen Ichs ist ein wenig schleierhaft, weckt daher aber auch das Interesse.